JN440757

내 안의 소리

내 안의 소리

계절 따라 아름답게 피는

이어금 시집

책나무

차례

1장 벚꽃이 핀다

다시 태어나라 · 9 / 봄 · 10 / 벚꽃이 핀다 · 11 / 목련이 핀다 · 12
봄기운 · 13 / 봄바람 · 14 / 봄아 · 15 / 나도 사랑 한번 해봤으면 · 16
그대에게로 가는 길 · 17 / 봄아 나랑 같이 가자꾸나 · 18
오늘같이 좋은 날에는 사랑을 하자 · 19 / 하늘 아래 소중한 것 · 20
우리라는 이름(내연산 폭포를 바라보며) · 21 / 인연 · 22 / 골목길 · 23
둘이라서 좋습니다 · 24 / 우리는 하나 · 25 / 우리 집은 놀이터 · 26
내가 웃으면 · 27 / 만남의 강은 흐른다 · 28 / 정상으로 가는 길 · 29
내 마음은 구름인가 봅니다 · 30 / 작은 꽃 · 31 / 숲 속의 아침 · 32

2장 그대였으면 좋겠습니다

그대였으면 좋겠습니다 · 35 / 그대로 인해 · 36 / 바다를 바라보며 · 37
가거도 · 38 / 월출산 · 39 / 정상 그곳은 · 40 / 굴업도 · 42 / 유혹의 계절 · 43
한글날에 · 44 / 나뭇잎의 이별 · 45 / 떠날 땐 · 46 / 그대 장단에 맞춰 · 47
은행나무 아래에서 · 48 / 내 사랑의 길 · 49 / 민들레 홀씨 · 50
소속 그것은 사랑이었습니다 · 52 / 금강산아 · 53 / 무지개 · 54 / 구름아 · 55
너에게 취해본다 · 56 / 할 수 있다 · 57 / 너는 부활이다 · 58
친구야 우리 소풍 가자 · 59 / 외롭다 말하지 마라 · 60 / 서두르지 말아 주오 · 61
내 첫사랑아 · 62 / 땅속의 씨앗 · 63 / 나만 보라 · 64

3장 가을비 추억

가을 냄새 · 67 / 가을비 추억 · 68 / 가을 풍경 · 69 / 가을 사랑 이야기 · 70
가을 편지 · 71 / 귀뚜라미 울음소리 · 72 / 가을바람 소리가 · 73
외로움의 계절 · 74 / 이별의 계절 · 75 / 하늘 쳐다보며 · 76 / 광복절 · 77
설악산(귀때기 청봉) · 78 / 비 오는 날 아침 · 79 / 또 다른 나 · 80
엄마에게 보내는 편지 · 81 / 용서 · 82 / 그대는 나에게 · 83 / 나는 나에게 · 84
모두가 한때인 것을 · 85 / 시인 · 86 / 충분합니다 · 87 / 빗소리 · 88
술은 아버지의 바다였다 · 90 / 비야 내려라 · 92 / 삶은 전쟁 · 94 / 친구야 · 95
내 사랑 단풍잎 · 96

4장 겨울나무야

바람아 구름아 · 99 / 파도가 말을 합니다 · 100 / 겨울 산에 가보라 · 101
겨울나무야 · 102 / 겨울 소백산 · 103 / 천왕봉에 오르다 · 104
혼자라서 좋습니다 · 105 / 휘둘리지 마라 · 106 / 내버려 두어라 · 107
천왕봉 아래 쉼 · 108 / 후회 · 109 / 용서해 주오 · 110 / 새벽아 · 112
석양을 바라보며 · 113 / 겨울나무 · 114 / 세월호 참사를 기억하며 · 115
인생무상 · 116 / 알맹이 같은 인생 · 117 / 빈 항아리 · 118 / 달걀 · 119
아버지에게 보내는 편지 · 120 / 다시 태어나려무나 · 122 / 새로 태어나기 · 123
어김없이 · 124 / 황산 삼청산 · 125 / 몰랐습니다 · 126 / 자연으로 돌아가다 · 127

1장

벚꽃이 핀다

다시 태어나라

온 세상 하얗게 수놓던 겨울도 죽고
뽀드득 뽀드득 새봄이 다시 태어난다

꽁꽁 얼어붙었던 내 마음도 죽고
꽃피는 인생으로 다시 태어나라

순간순간 꽃처럼
새롭게 피어나길

봄에는 노란 민들레
여름에는 해님 닮은 해바라기로

가을에는 국화처럼
겨울에는 동백꽃, 매화꽃으로

계절 따라 아름답게 피어나
늘 새로운 인생 살 수만 있다면.

봄

봄이 오니 꽃이 피고
꽃이 피니 봄이지요

그대 있어 내가 있고
내가 있어 그대 있지요

그 봄 따라 내가 가고
그 향기 따라 그대 오지요

그대와 나는
봄이요 꽃이지요.

벚꽃이 핀다

봄에는 벚꽃이 핀다
벚꽃은 우리 엄마 미소만큼이나 화사하다

울 엄마 닮은 봄
나는 봄이 참 좋다

내 마음에도
벚꽃이 핀다.

목련이 핀다

봄에는 목련이 핀다
목련은
우리 아빠 미소만큼이나 우아하다

울 아빠 닮은 봄
나는 봄이 참 좋다

내 마음에도
목련이 핀다.

봄기운

엉덩이 하늘 쳐들고
나물 캐는 아낙네야

대지와 입 맞추고
햇살과 엉덩이 부비며

캐내는 봄 내음에
행복 가득 담겼구려

나물도 한 바구니
봄기운도 한 바구니

양옆에 끼고서
집으로 돌아가면

집안 가득 봄 향기
두둥실 피어오르겠지

기쁨 가득 웃음꽃
한 아름 피어오르겠지.

봄바람

산들산들 다가와
나 끌어안는 봄바람

나도 모르게 그만
그 안에서 움튼 것뿐

나는 몰랐습니다
꽃샘바람 불어와 시샘할 줄은

그런데 어찌하오리까
봄바람 그대가 좋아서
피어나고 싶은 이 마음.

봄아

봄아
떠나가는 겨울에게
잘 가라 손 흔들어 줄 수는 없겠니

인연 다해 떠나는 것을
붙잡는다고 시샘한다고
떠나가는 겨울이 발길 돌릴 것 같으냐

봄아
보이느냐
너를 아름답게 꽃피워 줄

따뜻한 여름이
널
기다리고 있구나.

나도 사랑 한번 해봤으면

꽃샘바람 불어와 버드나무에 앉아
사랑 사랑 속삭이더니 버들강아지 태어났네

날아가던 새들도
나도 친절한 사랑 한번 해봤으면

흘러가던 구름도
나도 포근한 사랑 한번 해봤으면

지나가던 사람도
나도 자유로운 사랑 한번 해봤으면

너의 꽃말처럼
친절한 사랑
포근한 사랑
자유로운 사랑이 그리워

숲 속 친구 모두 모두
꽃샘이 났다나.

그대에게로 가는 길

그대에게로 가는 길이
이토록 설레는 것은
내 마음에도 봄이 오는 까닭이오

그대가 나에게로 오는 길이
그토록 즐거운 것은
그대 마음에도 순풍이 불기 때문입니다

얼어붙은 마음 강에 또다시 봄 찾아오니
그대에게로 가는 길은
언제나 돌돌 돌돌 시냇물이겠지요.

봄아 나랑 같이 가자꾸나

봄아
나랑 같이 가자꾸나
나도 설레일 준비가 되어있단다

산들바람 되어
꽃구름 타고
하늘 높이 날아도 보고

봄비 되어
낙하산 타고
땅끝까지 느껴도 보며

꽃이 되어
만인의 시선
한 몸에 받아도 보고

나비 되어
자유로이
온 들판 누벼도 보며

봄아
나랑 같이 가자꾸나
나도 설레일 준비가 되어 있단다.

오늘같이 좋은 날에는 사랑을 하자

쑥밭에 새는
쑥더쿵 쑥더쿵

미나리 밭에 새는
미쪼롱 미쪼롱

내 마음 밭에 새는
니나니 난노

오늘같이 좋은 날에는
사랑을 하자

새처럼 고운 소리로
그대 귓불에 사랑 속삭이고

깃털같이 아름다운 자태로
그대 마음 사로잡아

오늘같이 좋은 날에는
사랑을 하자.

하늘 아래 소중한 것

수많은 생명의 양식 되고
또 다른 생명의 씨앗 되는

땅 위에 떨어진 열매를
누가 감히 쓸모없다 하리오

우리 인생 다하여
죽음을 앞두고 있다 한들

어느 누가 감히
필요 없다 말하리오

수많은 영혼의 양식 되고
씨앗 품은 흙이 되어 오리니

하늘 아래 소중하지 않은 것
그 무엇도 없나니

그대들이여
범사에 감사하며 살 일이로세.

우리라는 이름(내연산 폭포를 바라보며)

빗방울이 말했다
우리 절벽에서 만나
폭포가 되자

폭포는
떨어져 내리는 순간 알았다
우리들이 스타가 되어 있었음을

우리라는 이름
그것은 바로
기적이었다.

인연

미련 없이 떨어지는 나뭇잎처럼
나도 그렇게 네 곁을 떠날 수 있을까

바람 불어와 이 한 몸 날려버린다 해도
내 영혼 네 발아래 누이고 싶은 것을

거미줄에 걸려 흔들거리는 저 나뭇잎같이
너만 바라보고 서 있는 내가

빙글빙글 바람에 돌고 돌다 떨어져
흙에 묻혀 자연으로 돌아간다 할지라도

봄 되면 또다시 새롭게 태어나
너와 한 몸 될 인연이란 걸 너는 알까.

골목길

무궁화 꽃이 피었습니다
마음껏 뛰어놀던 골목길
언제부터인가 차들이 지나다니고

까르륵까르륵 꼬마들 웃음소리
부르릉부르릉
오토바이가 차지했네

비사치기 즐기던
드넓은 골목길
여기저기 주차장 되어버리고

숨바꼭질 즐기던
우리 동네 골목길
지금은 CCTV가 술래 찾네

즐겁기만 하던 골목길 놀이터
대물림해주고 싶어라
우리 아이들에게.

둘이라서 좋습니다

둘이 살면 골치 아플 것 같아
혼자서 살까 고민했던 시절도 있었습니다

둘의 마음이 하나가 되기는커녕 셋 넷으로 커져 가면서
후회도 많이 했었습니다

하지만 혼자가 아니고
둘이라서 좋은 까닭은

둘이 셋이 되고 넷이 되고
풍요로운 가족이 생겼기 때문입니다

나를 기다려 주는 가족들이
늘 내 옆에 있기 때문입니다.

우리는 하나

우리 서로 인연 되어
한마음 안에 살고 있으니
우리는 하나요

우리 서로 인연 다해
헤어진다 해도
우리는 하나예요

왜냐하면 우리는
한 생각 안에
살고 있으니까.

우리 집은 놀이터

내가 기쁘게
환하게 웃으면
집사람도 따라 웃고
애들도 따라 웃고

내가 즐겁게
콧노래 부르면
집사람도 따라 부르고
애들도 따라 부르고

따라쟁이 집사람과
따라쟁이 애들 있어
더 행복한 우리 집
우리 집은 따라쟁이 놀이터.

내가 웃으면

내가 기쁘게 한 번 웃으면
내 안에 울고 있던 슬픈 추억
노래가 되고요

내가 즐겁게 두 번 웃으면
내 안에 아파하던 상처 자국
춤을 춘대요

내가 편안하게 세 번 웃으면
내 안에 숨어있던 불안도
긍정이 되고요

내가 나답게 소리 내어 웃으면
내 안에 헤매이던 마음 길
꽃길이 된대요.

내가 꽃처럼 활짝 웃으면
내가 가는 곳마다
아름다운 꽃이 핀대요.

만남의 강은 흐른다

이산가족 그리움
강이 되어 흐른지도
어언 수십 년

바다에 가서나
만날 수 있을까
기약 없는 기다림

세월은 강물처럼
흐르고 흘러
검은 머리 백발이 되었건만

죽어지면 만나질까
그리운 내 혈육
아 통일이여.

정상으로 가는 길

누군가 만들어 놓은 정상
그 정상을 향하여
우리는 걷고 또 걷는다

그 정상만 바라보며 걷는 사람
주변 경치에 매료되어 발목 잡힌 사람
유혹에 빠져 잠시 눌러앉은 사람
모두가 자기만의 선택이었음을

그 정상 못 간들 어떠하리
어차피 내가 만들어가는 인생길
그것이 바로 정상으로 가는 길인 것을.

내 마음은 구름인가 봅니다

내 마음은 구름인가 봅니다
어떤 모양으로 바뀔지 나도 잘 모릅니다

내가 나를 모르는데
그대도 알려고 하지 마세요

순간순간 변하는 마음 앞에서
나도 당황할 때가 많습니다

그대여
구름 같은 이 마음

이해하려 하지 말고
그저 하늘처럼 안아주면 안 될까요.

작은 꽃

자세히 들여다보아요
그대 고운 시선으로

나는
하늘 아래 작은 꽃

사랑 머금고 바라보아요
그대 따뜻한 미소로

좋아한다 말 걸어보아요
그대 아름다운 목소리로

나는 그대 사랑 기다리는
하늘 아래 작은 꽃.

숲 속의 아침

쪼로롱 쫑쫑
뾰로롱 뿅뿅
새벽 어스름 달빛 아래
숲 속의 아침이 시작되었네

아기 산새 배고프다
뾰뾰 뾰르르르
엄마 산새 알았다고
또또 또르르르

귀여운 다람쥐 먹이 찾아
왔다 갔다
산행하는 사람들 건강 찾아
오르락내리락

숲 속의 아침은
희망에 찬 노래
숲 속의 아침은
우리의 이야기.

2장

그대였으면 좋겠습니다

그대였으면 좋겠습니다

그리운 그대 있어 참 좋습니다
보고 싶은 그대 있어
순간순간 행복합니다

오늘도
내일도
아니 죽을 때까지

늘 그렇게
그립고 보고 싶은 사람이
그대였으면 좋겠습니다.

그대로 인해

연둣빛 나뭇가지에
햇살 내려앉아 춤추고
보랏빛 내 마음에
그대 들어와 노래하네

연둣빛 나무
햇살로 인해 더 빛나고
보랏빛 내 마음
그대로 인해 더 아름다워라

그대는 따사로운 햇살
나는 고운 연둣빛 나무.

바다를 바라보며

수면 위로 떠오른 생각 하나
그 생각 하나로 펼쳐진
내 맘속 풍경
어쩜 저 바다랑 꼭 닮았을까

파도처럼 밀려온
가슴 아픈 추억들
허공 속으로 던져져
산산이 부서진다

갈매기야 울어다오
말라 버린 내 눈물 대신
바다야 쓸어가 다오
잊고 싶은 내 아픈 상처들을.

가거도

가도 가도 끝이 없는
최서단 가거도여
앞뜰에는 기암절벽
뒷동산엔 후박나무

봉긋봉긋 산딸기
조로조롱 오디나무
향 짙은 더덕 뿌리
온갖 약초 가득한데

가거도야 내 사랑아
그대 두고 나는 간다
이제 가면 언제 오나
보고 싶어 어찌할까

새소리도 아름다운
멋진 그대 가거도여
내 그대를 시로 지어
온 천하에 알리리라.

월출산

바람이 연주하는 경쾌한 음악에
구름은 춤추며 흘러가고
기암절벽 대자연 무대 위에
우리가 멋들어지게 서 있네

신령스런 바위들이
우뚝우뚝 일어나
우리에게
박수를 보내주고

구름다리 건너
하나둘 모여든 관객
반짝반짝
별빛 되어 빛나네

월출산은
한낮에도 달이 뜨네
노을빛 고을
아름다운 달이 뜨네.

정상 그곳은

정상
그곳은
저 멀리 아득히 바라보이는
높은 곳이 아니었습니다

마음먹고 올라가 본 정상은
발 뻗고 누울 자리 하나 없는
그야말로 산꼭대기
낭떠러지였습니다

한눈에 내려다보이는 찬란한 세상
순간
정상이라고 생각했지만
마음은 벌써 집으로 가 있는 것을

모두가 하나같이
내려갈 길 재촉하고
조심조심 내딛는 발자국
다시 출발선이더이다

발길이 마지막으로 가 닿은 곳은
다름 아닌 우리 집
정상

그곳은 바로 우리 집이었던 것을.

굴업도

하늘이 열렸다
배는 뜨고
우리 마음도 뜨고
뭉게구름도 두둥실 떠올랐다

파도야 소리 높여
우리들을 반겨다오
풀벌레야 도란도란
사랑 노래 불러다오

굴업도야
너는 아느냐
우리가
여기까지 온 까닭을

하늘아
너는 알고 있겠지
우리가
또 떠나가야 함을.

유혹의 계절

떠오르는 아침 햇살에
강아지풀 미소가 피어나고

이슬 먹은 잠자리 떼
나 잡아봐라 윙크한다

불어오는 가을바람
들깨 향기 실어 나르고

울긋불긋 단풍 든 산
어서 오라 손짓한다

가을은 가을은
유혹의 계절

뭉게구름 쳐다보며
떠나고만 싶어라.

한글날에

기러기 떼 날아간다
푸르른 평야 위로

가 갸 거 겨 소리 내며
떼 지어 날아간다

아침 먹으러 갈 때에도
가 갸 거 겨

저녁 먹으러 갈 때에도
아 야 어 여

바람은 수수밭에서도
사 샤 서 셔

볏짚은 누워서도
하 햐 허 혀

아름다운 한글날
우리 소리가 아닌 것이 없더라.

나뭇잎의 이별

알아
일부러 떨어뜨리지 않았음을
그러니 좀 애처롭게 내려다보지 마라

차라리 내가
청소부한테 쓸려
한 줌의 재가 되었다면 좋았을 것을

지켜보는 너의 눈에 밟혀
또 이렇게
서로 가슴만 태우는구나

지금은
헤어질 수밖에 없는 운명인 것을
우리 봄 되면 또 만나지겠지

나무야 나는
백번 죽었다 다시 태어나도
너를 만날 것이다.

떠날 땐

나뭇잎은
태어날 때부터
땅에 뿌리를 둔 엄마한테서 배웠는지 모른다

아니
성장하면서
해님과 바람한테서 배웠는지도 모른다

떠날 땐
말없이 떠나야 함을.

그대 장단에 맞춰

덩덩 궁따쿵 덩덩 궁따쿵
봄 장단에 맞춰 씨 뿌리고
그대 장단 따라 희망 꿈꿨지

덩 기덕 덩 다다다 덩 기덕 쿵따
여름 장단 맞춰 잡초와 씨름하고
그대 장단 변형하느라 애간장도 많이 탔었지

덩덩 궁따 쿵 따구궁따 궁따 쿵
가을 장단만 맞추면
드디어 수확이다

하늘 보고 별을 따고 땅을 보고 농사짓고
올해도 대풍년이요 내년에도 풍년일세
덩 덩 쿵따쿵 덩따궁따 궁따쿵

이 가을 다 가기 전
나와 인연 된 모든 이 불러놓고
잔치 한 번 열어보세.

은행나무 아래에서

노란 은행잎 잔디 위에
내 욕심 나무처럼 벗어 놓고
곧 오실 그대 기다립니다

은행나무 열매까지
온전히 떠나보내던 날
나는 알았습니다

어느 고요한 밤
별들의 축복 받으며
그대 오시리라는 것을

그대 오시면
앙상한 나뭇가지에 또다시 새살 돋아나고
아름다운 꽃 피고 조롱조롱 열매 맺겠지요

오늘도 나는
은행나무 아래에서
그대 오실 그 날만을 손꼽아 기다립니다.

내 사랑의 길

오불꼬불 산허리
감돌던 길
둥실둥실 뭉게구름
흘러가던 길

다람쥐는 오늘도
숨바꼭질하고
개암나무엔 개암 송이
숨어있겠지

아버지 소달구지
자가용 타고
흔들흔들 내 꿈 싣고
달리던 길

들꽃 향기 가을 길은
내 추억의 길
오불꼬불 오솔길은
내 사랑의 길.

민들레 홀씨

민들레 홀씨 하나가 멀리멀리 날아와 내 앞에 내려앉았습니다

나는 그 씨앗을 조용히 지켜보았습니다
홀로 외로워 보이는 그 씨앗은 두 손 모아 간절히 기도하고 있었습니다

그러자 신기한 일이 벌어졌습니다
씨앗은 나도 모르는 사이에 내 몸속 깊이 자리 잡고 있었던 것입니다

그래서 나는 얼떨결에 씨앗을 품은 대지가 되었습니다

씨앗은 캄캄한 땅속에서 싹을 틔우기 위해 몸부림치기 시작했습니다
땅도 역시 그 몸부림에 함께 흔들렸습니다

대지가 쩍 갈라지더니 새싹이 고개를 내밀었습니다
생명이었습니다
대지는 생명을 바라보며 기뻤습니다

하지만 씨앗은 자기가 온전히 죽어, 새 생명이 탄생했다는 사실은 모르고, 대지의 밑거름이 되기를 거부했습니다

바람이 나타나 쭉정이가 된 씨앗에게 말했습니다 “나랑 같이 즐거운 곳으로 여행 가지 않을래?”

씨앗은 그만 바람의 유혹에 넘어가 대지와 생명을 남겨둔 채 즐거운 곳으로 여행 다니며 맘껏 자유를 누렸습니다

그사이 대지는 그만, 메마르고 딱딱한 바위로 변해 버리고 말았습니다

그러던 어느 날, 바위로 변해버린 대지를 간신히 알아보고 찾아온 씨앗은 운 좋게도 바위틈 사이에서 다시 싹을 틔웠습니다

씨앗은 이번에는 온전히 죽어서 대지의 거름이 되고, 바람으로 다시 태어났습니다

대지가 메마르면 구름을 몰아다 비를 내려주고, 대지가 비에 젖어 슬픔에 잠기면 다시 구름을 몰아내고 햇빛을 선사하며 오로지 대지만을 위해 살았습니다

다시 본연의 모습을 갖춘 대지는 온갖 꽃이 만발한 아름다운 생명의 터전이 되었답니다.

소속 그것은 사랑이었습니다

그대에게 소속되었을 때는
행복했다고 말하고 싶습니다
내 인생에 참견도 많았지만
그것은 사랑이었습니다

그대 떠나보낸 빈 터전에
다른 그 무엇 채워지기 전
나는 간절히 바라봅니다
그대 떨어뜨리고 간 씨앗들이 쑥쑥 고개 내밀길

그러면 분명 한겨울에도
내 안에는
고운 새싹들이 뽀드득뽀드득 움트겠지요
향기로운 꽃들이 만발하겠지요.

금강산아

구름이 내려와 쉬어가는 곳
안개와 비바람 시샘하는 곳

일만 이천 봉우리 하늘 향해
어제도 오늘도 기도하고 섰구나

저기 저 나와 앉은 큰 바위는
기다리다 지쳐버린 고향 집 내 어머니

굽이굽이 흘러가는 거센 강물은
이산가족 쏟아내는 그리운 눈물

지지배배 지저귀는 고운 새소리는
들을수록 정다운 우리말 소리

금강산아 침묵 말고 대답해다오
우리의 소원은 통일 언제나 오려나.

무지개

분명히 보았는데
어디로 사라진 걸까

하늘아 너는 알렸다
저 높이 찬란하게 빛나던 무지개 있는 그곳을

내 안에서 주룩주룩
하염없이 쏟아져 내리던 비

오랜만에 그치더니
내 영혼에도 아름다운 무지개가 떠올랐었지

무지개는 누가 보냈을까
어디에서 또 우리 기다리고 있을까.

구름아

구름아
너의 꿈도 빨리 산 정상으로 가는 것이더냐
우리 잠깐 쉬었다 가자 꾸나

바람의 부채춤사위 구경도 하고
새들의 노랫소리 들어도 보며
우리 쉬엄쉬엄 가자꾸나

아침에 달음박질쳐 가던 뭉게구름 어디 있느냐
산이 기다렸다 삼켜 버렸거늘
정상이 무슨 소용이며 빨리 못 간들 어떠하리

구름아
우리 잠시
쉬었다 가자꾸나.

너에게 취해본다

너는 언제나 쓰고 달다
내 인생도 너처럼
쓰디쓰고 달디달다

우린 서로 닮았다
그래서 네가 더 그리운 것일까
아침에도 네 생각 점심에도 네 생각

네가 미치도록 보고 싶을 때면
나는 하던 일 모두 내려놓고
너에게 취해본다

너는
나의 영원한 연인
한 잔의 커피여라.

할 수 있다

엄마가 할 수 있다 말하면
나는 정말 할 수 있습니다

아빠가 할 수 있다 말하면
나는 정말 힘이 생깁니다

선생님이 할 수 있다 말하면
나는 정말 공부 잘할 수 있습니다

친구가 할 수 있다 말하면
나는 정말 뭐든지 할 수 있습니다

내가 나에게 할 수 있다 말하면
나는 정말 용기가 생깁니다

할 수 있다는 말은
희망이고 기적입니다.

너는 부활이다

응애
새 생명 탄생 소리와 함께
나는 엄마가 되었다

내가 엄마가 되는 순간
내 부모님은
할아버지 할머니로 다시 태어났다

그리고 내 형제들도
새로운 이름을
하나씩 부여받았다

아가야
너는 우리 가족의
부활이다.

친구야 우리 소풍 가자

친구야 친구야
우리 소풍 가자

해도 해도 끝없는
바쁜 일상 내려놓고

사랑 바구니 옆에 끼고
우리 소풍 가자

엊그제 새파랗던 나뭇잎도
울긋불긋 단풍이 한창이구나

비 내리고 나면
찬란하던 그 자태

낙엽 되어
흙으로 돌아갈지 모르니

친구야 친구야
우리 더 늙기 전에 소풍 가자.

외롭다 말하지 마라

저만치
혼자 서 있는 저 나무
누가 감히 외롭다 하리오

하늘이
굽어살피고
땅이 세워 주는데

축 처진 어깨 힘없이 내려뜨리고
터덜터덜 걸어가는 그대여
외롭다 말하지 마소

주변 둘러보면
모두가 친구인 것을
혼자 외로이 살아갈 이유 없지 않은가.

서두르지 말아 주오

나비야
꽃잎이 하나둘 떨어진다고
이별을 서두르지 말아 주오

꽃잎만 떨어졌을 뿐
나는 언제나 그 자리에서
그대를 기다리는 꽃나무라오

그대여
내 사랑 부족하다고
이별을 서두르지 말아 주오

표현이 부족할 뿐
나는 언제나 한마음으로
그대만 바라보는 해바라기라오.

내 첫사랑아

꽃처럼 고운 너의 모습에 반해
행복했던 시절
봄처럼 따뜻한 너의 가슴에 묻혀
설레였던 순간들

바람처럼 그렇게 빨리
떠나갈 줄 알았더라면
꽃처럼 이렇게 이내
사라질 줄 알았더라면

내
더 많이 좋아하고
더 많이 사랑하고
더욱더 감사하며 살았을 것을

그리운 내 사랑아
보고 싶은 내 첫사랑아
만약에 다시 태어나거든
못다 한 사랑 꼭 이루거라.

땅속의 씨앗

바람 불어와
계절 실어 나르고

구름 몰려와
눈, 비 내려 주니

땅속 씨앗은
아무 걱정 없네

봄 되면
새싹으로 다시 태어나리니

때 되면
꽃 피고 열매 맺게 되리니.

나만 보라

아침에 눈 뜨자마자 밀려오는
생각들 속에서도

매일매일 마주치는
수없이 많은 사람들 속에서도

나만 보라
내가 지금 무엇을 하고 있는지

나는 지금 어디로 가고 있는지
늘 깨어서 나만 보라

내 안에서 모든 것 창조되고
나로부터 평화는 시작되나니

내가 지금 건강하고 바르게 살고 있는지
늘 살펴 나만 보라.

3장

가을비 추억

가을 냄새

가을은 올해에도 어김없이
고향 집 냄새를 데리고 왔다

꼭두새벽부터 일어나
아궁이에 불 지피시던 우리 아버지

언제나 가족 위해
맛난 밥상 차리시던 우리 어머니

가마솥에서는 김이 모락모락
굴뚝에서는 연기가 모락모락

두런두런 주고받는 부모님 목소리에
맛있는 음식 냄새 집 안 가득 차오르면

우리는 눈 비비고 일어나
아침 밥상에 둘러앉았었지

가을만 되면 찾아오는
구수한 향기

가을 냄새는
아버지 어머니 내 고향이다.

가을비 추억

곱게 물든 가로수 거리에
가을비는 조용히 내리고

미리 와서 널 기다리던 시간
설렘도 같이 내렸었지

우산 속에 손잡고
기대어 본 너의 품

쿵쾅쿵쾅 뛰는 가슴
빗소리마저 우두두 뚝뚝 장단 맞췄었지

보고 싶은 내 사랑아
잊지 못할 내 첫사랑아

너 나 좋아한다 말하길
그때 정말 잘한 거 같아

가을비야 내려라
내 고운 추억 싣고

저 하늘 기억 너머
무지개 걸렸구나.

가을 풍경

가을 풍경
그것은 우리가 살아온
삶의 현장

누구는
아름답게 물들어가는 단풍 바라보고
또 누구는
우수수 떨어져 가는 낙엽 바라보겠지

가을 풍경
그것은 우리가 살아가야 할
아름다운 이야기

그대는
하늘 같은 사랑 꿈꾸고
나는 텅 빈 들판 너머 봄 기다릴 테지.

가을 사랑 이야기

뭉게구름 두둥실
돛단배 타고
그대 바라봄으로부터
우리 사랑 시작되었죠

고운 단풍 쳐다보며
사랑 나누고
떨어지는 낙엽 바라보며
이별 예감했죠

언제부터인가 생겨난
사랑 나무 한 그루
그 나무에 단풍 들면
나도 몰래 그대 기다려집니다

못 견디게 그대 보고 싶은 날에는
가장 고운 단풍잎 골라
그대 향한 그리움 적어봅니다
보고 싶어 보고 싶어 너무 보고 싶어.

가을 편지

가을이 오면 나는
한 잎 두 잎 떠나보내는 가을 나무 바라보며
엄마에게 편지를 쓰겠습니다
자식들 다 떠나보내고 외로워서 어떻게 지내시냐구

가을이 오면 나는
눈부시도록 아름다운 고운 단풍 바라보며
친구에게 편지를 쓰겠습니다
젊은 청춘 다 가기 전에 얼른 좋은 짝 만나라구

가을이 오면 나는
휘영청 밝은 둥근 달님 바라보며
그대에게 편지를 쓰겠습니다
소중한 인연 다 하기 전에 우리 마음껏 사랑하자구.

귀뚜라미 울음소리

귀뚜라미 울음소리가
이토록 가슴을 파고드는 것은
내 안에도 가을이 찾아왔기 때문입니다

귀뚤귀뚤 귀뚜라미
내 마음 붙잡고
잠시 쉬었다 가라 하는데

나는
이 가을 다 가기 전에
해야 할 일들이 아직 남아

오늘도 이렇게
하고 싶은 일 접어놓은 채
높은 하늘만 쳐다봅니다.

귀뚜라미는
이러는 내 심정 아는지 모르는지
벌써 가을이 간다고 울기만 합니다.

가을바람 소리가

나무에 기대어
하늘 바라봅니다

눈이 부셔
눈 감았더니

나의 하늘은
내 안에 있었습니다

가을바람 소리가
문 열고 들어오더니

여기가 천국이냐며
물어봅니다.

외로움의 계절

가을은 외로움의 계절
텅 빈 벌판 바라보아라

풍성했던 자들
모두 출가 보내고

빈 터전만
덩그러니 남았구나

가을바람 그 친구
오늘도 여전히 다녀갔건만

매일 찾아오던 참새 떼
오간 데 없이 사라지고

바람 소리만
횡하니 지나가는구나

저 산에 알록달록 고운 단풍도
때가 되면 낙엽으로 돌아갈 테지

잠깐 멈춰 쳐다본 가을 하늘엔
뭉게구름만 동그라니 남았구나.

이별의 계절

가을은 이별의 계절
손 흔들며 떠나가는
나뭇잎 바라보아라

팔랑팔랑 춤추며
떠나갈 수 있는 것은
이별을 기쁘게 받아들였기 때문일 것이다

떠나보내는 나무도
떠나가는 나뭇잎도
그저 아무 말 없다

그대여 혹여
이별이 찾아오거든
저기 저 가을 나무 아래 서보라.

하늘 쳐다보며

뒷동산 잔디 위에 팔베개하고
하늘나라 가신 아버지 모습 떠올려 본다

아버지
소리 내어 불러 보지만
목 메인 소리는 가슴만 울리고

그때 떠오르는 한 사람
아버지 닮은 내 당신

그대 있어
내 삶 든든하고

살아가는 하루하루가
기쁨이고 행복인 것을.

광복절

비가 그쳤다
우리 안의 피맺힌 눈물도
비처럼 쏟고 나면
저 하늘처럼 태양이 떠오르겠지

내리는 비를
두 팔 벌려 포옹하는
저 대지처럼

눈물겨운 아픔의 역사
가슴 벌려 끌어안으면
다시 부활할 수 있겠지.

설악산(귀때기 청봉)

구름이 흘러가며 손짓하는 곳
운무가 내려와 춤을 추는 곳
사방팔방 기암절벽 운해에 묻혀
해님이랑 바람이랑 숨바꼭질하네

구름바다 황홀경에 새들의 합창
펼쳐진 돌너덜길에 꽃들의 미소
사람아 어찌하여 여기까지 왔느냐
너희가 있어 오늘도 내 이름 빛나는구나.

비 오는 날 아침

비 오는 날 아침
나무들은 내리는 빗물에 샤워하고
어제와 다름없이 하루를 시작합니다

새들도
또리리 또리 노래 부르며
평소와 같이 빗소리에 화답하는데

사람만이
우산 받쳐 들고
갈까 말까 망설입니다.

또 다른 나

매일매일 하고 싶은 이야기는
너로 인해 생겨나고
매일매일 살아가는 순간순간도
너를 위해 존재한다

나를 이토록
아름답게 살게 하는
넌 누구냐
묻지 않을 수가 없구나

가을 오기도 전에
가을 맞을 준비를 하게 하고
겨울 가기도 전에
겨울 보낼 준비까지 하게 하는

넌 과연 누구냐
아침에 깨어나 저녁에 눈감을 때까지
아니 잠이 들어 꿈나라에 있을 때조차도
종일 나를 움직이는 넌 정녕 누구란 말이냐.

엄마에게 보내는 편지

보고 싶은 엄마에게:

엄마, 오늘 생각해보니 엄마는 이름이 참 많네요.
엄마, 송 채자 순자, 딸, 아내, 며느리, 장모님, 시어머니, 친할머니,
외할머니…

이름이 너무 많아서 불러 줄 사람도 많을 줄 알았건만
이름이 많아지면 많아질수록
불러 주는 사람은 점점 줄어만 가는 외로운 노년의 삶

엄마도 그 옛날, 지금의 나처럼 "엄마 엄마" 하고 불러 주는 행복감
에 젖어
젊음을 오로지 가족들을 위해 헌신하셨겠지요

엄마
전화상이라도 "엄마 엄마" 많이 불러 드릴 테니
외롭지 말고, 그 옛날 저희들을 키우시던 행복했던 추억 떠올리며
늘 행복하세요. 엄마

불효자 셋째 딸은 오늘도
혼자 계시는 엄마 생각에 눈물이 납니다.
사랑해요 엄마, 보고 싶어요 엄마.

용서

파도야
왜 이토록 성난 게냐

네 마음 산산이 부서지고
네 영혼 폭우에 짓밟혀

덧없이 흘러 흘러
떠내려가 버려서 더냐

그 드높은 정신으로
어디 한 번 용서할 순 없겠니

그러면 검푸른 바다도
초록빛 에메랄드 빛으로 고요해질 텐데.

그대는 나에게

해님은 모든 이에게
빛과 같은 사람 되라 하고
구름은 목마른 이에게
단비 같은 사람 되라 하네

달빛은 부모님께
효도하며 살라 하고
별빛은 스스로
반짝반짝 빛나며 살라 하네

바람은 마냥
자유롭게 살다 가라 하고
물은 끊임없이
순환하며 살다 가라 하네

그대는 나에게
기쁘게 살다 가라 하고
나는 그대에게
감사하며 살다 가라 하네.

나는 나에게

새들은 나에게
노래하며 살다 가라 하고
꽃들은 나에게
웃으며 살다 가라 하네

나무는 나에게
숲이 되어 살다 가라 하고
바다는 나에게
품어 주며 살다 가라 하네

하늘은 나에게
있는 그대로 바라보며 살다 가라 하고
땅은 나에게
모든 것 받아들이며 살다 가라 하네

온갖 규칙 나에게
바르게 살다 가라 하고
나는 나에게
하고 싶은 것 다 해보며 살다 가라 하네.

모두가 한때인 것을

산기슭
이름 모를 열매처럼

내 인생도
다 익어 떨어지면 어찌할까

더 늦기 전에
사랑하며 살자

한 번 더 마음 열고
한 번 더 안아주며

따뜻한 가슴
서로 기대며 살자

같은 하늘 아래 이렇게 살아있음도
모두가 한때인 것을

우리 서로
사랑하고 감사하며 살자.

시인

범사에 감사하는 삶 사노라니
수시로 감동이 밀려옵니다

전율하는 그 느낌 나누고자
오늘도 나는 시를 씁니다

재료는
내 삶의 이야기

우주라는 큰 가마솥에 꽃구름 같은 양념 넣고
정성 들여 맛있게 글 요리를 합니다

모든 이의 입맛에 맞을 수는 없지만
단 한 사람에게라도 일용할 양식 된다면

나는 오늘도 내일도 아니 죽을 때까지
내 삶의 이야기 쓰고 또 쓸 것입니다.

충분합니다

비 오는 날엔
우산 하나면 충분합니다

파라솔 같은 우산은 아니어도
내 한 몸 가릴 수 있는
작은 우산 하나면 충분합니다

사랑받고 싶은 날엔
그대 한 사람이면 충분합니다

하늘 같은 사랑은 아니어도
내 한 가슴 채울 수 있는
그대 한 사람이면 충분합니다.

빗소리

잠깐 잠들었다가
빗소리에 깨어났다

하염없이 내리는
저 빗소리

내 안의 눈물도
비처럼 쏟아내고 나면

저 하늘처럼
무지개가 떠오를까

천둥 번개까지 온몸으로 포옹하는
저 대지처럼

쏟아져 내리는 이 슬픔
온 마음으로 끌어안으면

나도 또다시
소생할 수 있을까

빗소리가
내 안의 어둠 삼켜버린다

빗소리에

내 영혼의 새벽 밝아 온다.

술은 아버지의 바다였다

술 때문에 아버지 병이 악화되던 날
나는 알았다
아버지가 마신 술이 바다가 되어
아버지를 삼켜버렸음을

아버지는 맑은 물 같은 당신의 정신이
싫으셨는지도 모른다
너무 맑아서
상처들이 훤히 들여다보여서
그 고통을 잊으려고
술을 마시기 시작했는지도 모른다

불의의 사고로
한쪽 다리를 다치면서
불구자가 되어버린 아버지
첫사랑도 그 장애 때문에 실패하고
다리 수술받으러 갔다가 엄마를 만났으니
인생 만사 새옹지마인 것을

그래도 아버지는 습관처럼 술을 마셨다
"울지 마라 춘자야, 한때는 잘 살 날이 돌아올 것이다"
술 취하면 부르던 노래
"시끄러워요" 엄마의 잔소리가

갈매기 되어 울어 와도
아버지의 귀에는 자장가로 들릴 뿐

철썩철썩 밀려오는 파도가
아버지의 아픈 상처를 쓸어내린다
뱃고동 소리가
아버지의 코 고는 소리를 싣고
점점 멀어져 간다

바다는 그렇게
영영 아버지를 잠들게 했다
술
술은 아버지의 영원한 바다였다.

비야 내려라

상처 때문일까
계절은 여름 향해 가는데
가슴은 한겨울이다

오늘도 나는
꽁꽁 얼어붙은 상처 딱지에
손을 댄다

아프다
더 건드리면 터질까 봐
덮고 또 덮어본다

비가 내린다
흙은 씻겨 내리고
상처는 드러나고
후둑후둑 떨어지는
빗방울 소리
친구 되어 울어준다

비야 내려라
내 안의 곪은 상처
씻기고 씻겨 내려
으깨지고 으깨져서

흙으로
다시 태어나리니
대지로
다시 태어나리니.

삶은 전쟁

이른 아침
눈 뜨면서부터
아니 오래전부터
전투 준비는 시작되었다

나만의 무기 개발하고
온갖 무예 갈고 닦으며
오늘도 나는
전쟁 준비에 한창이다

매일매일 승리 기원하며
길 나서고
개선가 울리며
집으로 돌아온다

평화 평화
소리 내어 외쳐 보지만
마음은 언제나
전쟁 준비인 것을.

친구야

내가 피어 있을 때
내가 향기로울 때
늘 내 곁에 있어 준 친구야

내가 시들어 있을 때에도
내가 죽어 갈 때에도
늘 내 곁에 있어 줄 수 있겠니

저 하늘 맑은 공기
해님 달님 별님처럼

그러면 나는 어김없이
때가 되어 시들고 죽더라도
꽃으로 다시 피어나리니.

내 사랑 단풍잎

그대 오신다는 소식에
고운 옷 차려입고
연지 곤지 찍어 바른 나뭇잎

황홀한 그 자태에
그대는 이름 하나 지어 주었죠
고운 단풍이라고

가을바람 시샘하며 흔들어 대도
단풍은 나무에 기대선 채
그대만을 기다렸죠

기다리고 기다리다
지쳐 내려와
고이 잠든 단풍잎

그 모습 애처로워
나도 이름 하나 붙여 주었죠
내 사랑 낙엽이라고.

4장

겨울나무야

바람아 구름아

비에 젖은 꽃잎들은
누가 누가 말려주나

슬픔에 젖은 마음들은
누가 누가 어루만져주나

바람아 바람아
그냥 지나치지 마라

구름아 구름아
무심히 흘러가지 마라

떨고 있는 꽃잎 보이거든
따뜻한 입김 불어주고

흐느끼는 마음 보이거든
구름 솜이불 덮어주렴.

파도가 말을 합니다

파도가 말을 합니다
사는 게 고통스러우냐

불평불만 모든 고민 참고 참아
딱딱한 바위로 변해버리기 전

나처럼 이리 철썩 저리 철썩
온몸으로 사정없이 부딪쳐 보려무나

어떠니
다시 고요해졌지.

파도가 말을 합니다
시원하냐

힘들었던 너의 발자취
씻기고 씻겨내려

저 넓은 바다 품에
닿을 수만 있다면

나는 네 인생의 새로운 한 페이지 한 페이지
열고 또 열어주련다.

겨울 산에 가보라

그대여
겨울 산에 가보라
그곳은 기운이 넘치는 곳

꽁꽁 얼어붙은 마음
상고대에 매달아 놓고
새해 소원 빌어 보라

따뜻한 햇살 내려와
상고대 녹이고
산들바람 나타나
그대 마음 불어 올리면

겨울 산에는 또다시
봄이 찾아오겠지
그대의 간절한 소원
이루어지겠지

그대여 꿈이 있거든
겨울 산에 가보라.

겨울나무야

나무야
흔들려도 보기 좋구나

나는 안다
저 구름 따라가고픈 너의 마음을

구름 떠나가니
이제 바람 친구 나타나 유혹하는구나

노골적으로 끌어안는 바람 몸짓에
네 마음 또 한 번 흔들렸었지

그러나 언제나 그 자리
모든 유혹 이겨낸 겨울나무야

봄은 또다시 꽃목걸이 걸어 줄 테지
가을은 또다시 월계관 씌워 줄 테지.

겨울 소백산

백설 위에 피는 꽃은
하얀 꽃 눈꽃이오
소백 위에 피는 꽃은
우리들의 이야기라

칼바람 맞고 피어난 상고대 아가씨와
병풍처럼 둘러선 늠름한 능선 총각
파란 하늘 구름 타고
백두 대간 오르내린다지

여기를 봐도 설경이요
저기를 봐도 절경이라
명산 중의 명산 겨울 소백산
누구나 한 번쯤 구경들 가이소.

천왕봉에 오르다

나뭇잎들이 사삭사삭 돌아눕는 밤
계곡물소리 드렁드렁 코 고는 새벽

쏟아지는 별 무리들의 축복 받으며
우리는 천왕봉에 올랐습니다

칼바람은 윙 윙 천왕봉을 호위하고
우리는 간신히 기념사진만 찍었습니다

올라갈 때 보지 못한 고운 단풍들이
여기저기서 미소 지으며 손짓하고

계곡물소리는 쉬었다 가라
소리소리 우리들을 부릅니다

몸과 마음 퐁당 계곡물에 담그고 나니
천왕봉은 물길 따라 예까지 와 있었습니다.

혼자라서 좋습니다

혼자라서 외롭다구요
나는 혼자 나를 만나는 시간이 좋습니다

나는 나와 늘 함께 다니면서도
내가 누구인지 잘 모릅니다

그래서 나 라는 그대를 알고 싶어
시간 날 때마다 혼자만의 그대를 만나기로 하였습니다

길가에 노랗게 핀 들꽃을 보며 내가 미소 지으니
내 안의 그대도 따라서 미소 짓네요

그 고운 미소에 반해
오늘도 나는 그대와의 사랑에 풍덩 빠졌습니다.

휘둘리지 마라

그대여
누가 무심코 하는 말에
휘둘리지 마라
휘둘려 넘어지면
추해지리니

그대여
누가 함부로 보내는 비난에도
휘둘리지 마라
휘둘려 넘어지면
마음만 다치리니

그대여
누가 생각 없이 던지는 잣대에도
휘둘리지 마라
휘둘려 넘어지면
영혼까지 다치리니

그대여
그 어디에도 휘둘리지 마라.

내버려 두어라

내버려 두어라
네 안에 일어나는 모든 생각
물처럼 흘러 흘러
넓은 바다에 닿을 수 있게

내버려 두어라
네 안에 일어나는 모든 감정
파도가 지나간 바다처럼
다시 고요해지리니.

천왕봉 아래 쉼

저녁연기 모락모락
물안개 따라나서고
몽실몽실 뭉게구름
온 산 덮어주는 밤

달님은 이 밤도
별들을 찾아 나서고
바람은 이 밤도
내일을 달리겠지

천왕봉아
너는 이 밤
누굴 기다리느냐
나는 꿈속에서도 너를 찾는다.

후회

나비처럼
이 꽃 저 꽃 찾아 헤매다
세월만 갔다

용서해 주오

분명
목마르다고 호소했을 텐데
나는 보지 못했다

아니 보고도 못 본 체했다
무관심으로 죽어가는
화분 속의 생명

더 늦기 전에 살려야 한다
물도 주고 햇빛도 주고
사랑도 주고

여보 당신
그대도 혹시
저 화분처럼 살고 있는 건 아니겠지요

시들어가는 화분 바라보며
당신 모습 바라보는 이 마음은
과연 무슨 까닭일까요

미안해요 여보
고마워요 당신
용서해 주오

이제부터라도 잘할 테니
늘 내 곁에서
죽지 말고 살아 주오

새벽아

서서히 어둠 문 열고
걸어 나오는 새벽아
가로등 불 밝혀
널 기다리고 있구나

밤새워 뒤척인 밤
지쳐 잠들어도
놀라지 마라
헤매지 마라

여기저기
너를 향한 세상
모두 깨어
빛으로 인도하리니.

석양을 바라보며

옹기종기 구름송이
꽃 카펫 깔아 놓고
지는 해님 바라보며
지려밟고 가라 하네

여기저기 좋은 인연
인생 돗자리 깔아 놓고
가는 인생 바라보며
고이 밟고 가라 하네

내 인생 다하여
이 세상 떠날 때에도
저 산 넘어가는
아름다운 석양 같아라.

겨울나무

저기 바람에게
고운 이파리 다 내어준 겨울나무

자식 위해 모든 것 헌신하신 부모님 닮았구나

부석부석 떨어지는 껍질은
거죽과 비듬만 남은 내 부모님 손등

이파리 하나 없이 마른 가지는
툭 하면 부러질 것만 같은
내 부모님의 굽은 허리

오늘도 나무는 앙상한 팔 벌려
기도하고 섰구나
문밖에서 날 기다리시던 우리 부모님처럼.

세월호 참사를 기억하며

칠흑 같은 어둠 속에서
지옥을 헤매던
내 아들딸들아

봄이 와서
꽃은 다시 피어나건만
떠나간 내 아들딸들은 다시 만날 길 없구나

바다야
어찌하여
소중한 생명 삼키었느냐

하늘아
어찌하여
꽃다운 생명 앗아갔느냐.

인생무상

먼저 단풍 들어
모든 시선 끌어모으던 은행나무
어느 순간 벌거숭이 되었네

뒤늦게 물든 단풍나무
그 멋진 자태 뽐내는데
그것도 잠시

찬 서리 내려
그만 내려오지도 못하고
말라비틀어지고 말았구나

이 세상 모든 것은
저렇게 왔다
덧없이 가는 것

친구야
우리도 언제 갈지 모르니
서로 사랑하며 살자꾸나.

알맹이 같은 인생

추수를 앞둔 들판은
알맹이들로 가득 찼는데

내 가슴은
빈껍데기만 날아다니는
허허벌판이다

봄아 어서 와서
내 마음 밭 갈아엎고
씨 뿌리고 꽃 피우렴

여름아 나에게도
아름다운 열매 주렁주렁 매달아
가을을 맞이하게 하려무나

그러면 분명 나는
빈껍데기가 아닌
알맹이 같은 인생 살아갈 텐데.

빈 항아리

저기 놓여있는 빈 항아리
꽃 담으면 꽃병 되겠지요

그대 떠나간 빈자리에
무엇이 담길지 궁금해집니다

오늘은 기도 안에 피어오르는
추억 하나 놓아볼까요

이렇게 비어 있으니
참 좋습니다

담는 일도 비우는 일도
내가 선택하는 일

그대 떠나간 빈자리가 아니라
내가 비워낸 빈 항아리였던 것을.

달걀

꼬꼬댁 꼬꼬댁
벼 짚단 위에 알 낳던 우리 집 꼬꼬닭

꼬꼬댁 소리와 함께
엄마의 미소가 피어난다

삶은 계란 두 개는
아버지 진짓상에 오르고

나머지 한 개는
아픈 언니 앞에 놓였었지

"엄마
나도 계란 먹고 싶어요"

나를 바라보는 엄마의 눈빛에
안타까움이 서려 있다

언니의
숨넘어가는 기침 소리가

닭 울음소리와 함께
엄마의 가슴을 울린다.

아버지에게 보내는 편지

그리운 내 아버지에게:

아버지
가을만 오면 따뜻했던 아버지 품 생각납니다
뜨끈뜨끈한 구들목 덥히기 위해
아버지는 여름부터 나무를 하셨죠

불편한 다리 아파와도
힘든 일은 남자가 할 일이라며
딸들은 얼씬도 못 하게 하시던
우리 아버지

손마디가 다 터 갈라진 손으로
우리 영혼 어루만지시고
에험 소리 한마디로
위엄 있으시던 우리 아버지

아버지는 늘 말씀하셨죠
셋째 딸이 최고라고
그래서 나는 지금 이렇게
최고의 삶을 살고 있는지도 모르겠습니다

아버지

그리운 내 아버지
저를 낳아주시고
바르게 키워주셔서 감사합니다

하늘나라에서
저희들을 굽어보시며
이제는 손에서 일 놓으시고
이 가을은 편히 쉬소서.

다시 태어나려무나

깊은 어둠 속 터널
투덜투덜 걸어가는 가슴 아픈 인생들아

답답한 땅속 싫으면
그 못난 한 생각 죽이고 죽여

다시
태어나려무나

고운 새싹으로
아름다운 인생으로

새로 태어나기

몰랐다
왜 잘려야만 했는지

정말 몰랐다
왜 반 토막으로 죽어야 했는지

그리고 더더욱 몰랐다
왜 죽어서까지 매운맛을 봐야 했는지

배추는 추호도 몰랐다
모든 고통이 새로 태어나기 위함이었음을.

어김없이

아침 해님 방실방실
어김없이 떠오르듯
내 미소도 언제나
그대 향하리

따뜻한 햇살 받으며
만물이 소생하듯
그대도 나로 인해
행복 넘치길

때로는 먹구름에 가려
보이지 않는 해님처럼
가끔씩
잊혀지겠지만

서두르지 않으리
방황하지 않으리
내일이면 어김없이
해는 또 뜰 테니까.

황산 삼청산

지리산 천왕봉도
설악산 대청봉도
어찌
황산 삼청산에 비기랴

이리 봐도 절경이요
저리 봐도 명산이라
하늘 아래 모든 산
안개 속에 사라진다

망망대해 운해 위로
기암절벽 솟아오르고
구름바다 황홀경에
해님도 눈감아 버렸네

몰랐습니다

그대가 나에게 오기 전에는
몰랐습니다

이 세상에
그대가 살고 있었다는 사실을

그대가 나에게 고백하기 전에는
정말 몰랐습니다

우리의 인연이
이렇게 깊은 인연인 줄은.

자연으로 돌아가다

어디서 왔다가
어디로 가는지
나는 모릅니다

아직 몸도 따뜻한데
숨 쉴 수 없는 그 이유 또한
나는 잘 모릅니다

가슴은 뛰고 싶고
마음은 훨훨 날고 싶은데
움직일 수 없는 현실 앞에

어떻게 받아들여야 할지
나는 잘 모릅니다
그저 자연으로 돌아가고 싶은 맘뿐입니다.

이 도서의 국립중앙도서관 출판예정도서목록(CIP)은 서지정보유통지원시스템 홈페이지(http://seoji.nl.go.kr)와 국가자료공동목록시스템(http://www.nl.go.kr/kolisnet)에서 이용하실 수 있습니다. (CIP제어번호 : CIP2016026651)

초판 1쇄 발행 2016년 11월 14일

지은이 이어금 **펴낸이** 임정일
책임 임병천 **편집** 최대현 **디자인** 이동헌

펴낸곳 책나무출판사
출판신고 2004년 4월 22일(제318-00034)

주소 서울시 영등포구 신길3동 325-70 3F
전화 02-338-1228 **팩스** 0505-866-8254
홈페이지 www.booktree.info

ISBN 978-89-6339-497-8 03810